BOURSE DE PARIS

TARIF

DE LA

RENTE 3 ET 4 1/2 POUR CENT

A l'usage des Rentiers sur l'Etat

PAR

DAUXERRE

Employé

TROYES

T, LIBRAIRE, RUE NOTRE-DAME

1861

BOURSE DE PARIS

TARIF

DE LA

RENTE 3 ET 4 1/2 POUR CENT

A l'usage des Rentiers sur l'Etat

PAR

DAUXERRE

Employé

TROYES

BOUQUOT, LIBRAIRE, RUE NOTRE-DAME

1861

AVIS PRÉLIMINAIRE.

Le but de l'auteur, en publiant ce Tarif, a été d'éclairer le public sur les spéculations de la Bourse, tant sur la hausse que sur la baisse. Cet ouvrage étant destiné spécialement aux Rentiers sur l'Etat, il a dû se renfermer dans les limites du 3 et du 4 1/2 pour 0/0, attendu que le plus grand nombre de souscripteurs n'ont pas d'autres valeurs cotées à la Bourse.

L'auteur se trouvera heureux s'il a pu, par la publicité de cet ouvrage, satisfaire au désir exprimé depuis longtemps par les personnes qui spéculent sur les fonds publics.

INSTRUCTION POUR L'INTELLIGENCE DE CE TARIF.

—

Pour savoir la somme que vous aurez à verser ou à recevoir en cas de vente ou d'achat d'inscriptions de rentes sur l'Etat, voyez le cours de la Bourse du jour, puis la colonne indiquant le chiffre de rente que vous voulez vendre ou acheter ; descendez ensuite jusqu'en regard du cours de la Bourse, et vous aurez le montant de la somme.

En cas de fractions de rentes de dizaines de francs, reportez-vous à la colonne indiquant le chiffre de un franc de rente ; multipliez ce chiffre par la fraction, additionnez ensuite les deux sommes, et vous aurez le total.

Exemple :

60 fr. de rente 3 p. 0/0, au cours de 68 fr. 05 c., ci 1360ᶠ 80ᶜ

05 fr. de rente 3 p. 0/0, au cours de 68 fr. 05 c., ci 0113 40

Donc 65 fr. de rente 3 p. 0/0, au cours de 68 fr. 05 c., coûteront . . 1474 20

70 fr. de rente 4 1/2 p. 0/0, au cours de 96 fr. 15 c., ci . . . 1495 20

05 fr. de rente 4 1/2 p. 0/0, au cours de 96 fr. 15 c., ci . . . 0106 80

Donc 75 fr. de rente 4 1/2 p. 0/0, au cours de 96 fr. 15 c., coûteront. 1602 00

Le cours du 3 pour 0/0, dont le pair est de 60 francs, se continue de cinq en cinq centimes jusqu'à 80 francs, c'est-à-dire vingt francs au-dessus du pair.

TROIS POUR CENT

TROIS POUR CENT.

COURS de la BOURSE.	1 fr. de RENTE.	10 f. de RENTE.	20 f. de RENTE.	30 f. de RENTE.	40 f. de RENTE.	50 f. de RENTE.	60 f. de RENTE.	70 f. de RENTE.	80 f. de RENTE.	90 f. de RENTE.	100 f. de RENTE.
60 »	20 »	200 »	400 »	600 »	800 »	1000 »	1200 »	1400 »	1600 »	1800 »	2000 »
60 05	20 01	200 10	400 20	600 30	800 40	1000 50	1200 60	1400 70	1600 80	1800 90	2001 »
60 10	20 03	200 30	400 60	600 90	801 20	1001 50	1201 80	1402 10	1602 40	1802 70	2003 »
60 15	20 05	200 50	401 »	601 50	802 »	1002 50	1203 »	1403 50	1604 »	1804 50	2005 »
60 20	20 06	200 60	401 20	601 80	802 40	1003 »	1203 60	1404 20	1604 80	1805 40	2006 »
60 25	20 08	200 80	401 60	602 40	803 20	1004 »	1204 80	1405 60	1606 40	1807 20	2008 »
60 30	20 10	201 »	402 »	603 »	804 »	1005 »	1206 »	1407 »	1608 »	1809 »	2010 »
60 35	20 11	201 10	402 20	603 30	804 40	1005 50	1206 60	1407 70	1608 80	1809 90	2011 »
60 40	20 13	201 30	402 60	603 90	805 20	1006 50	1207 80	1409 10	1610 40	1811 70	2013 »
60 45	20 15	201 50	403 »	604 50	806 »	1007 50	1209 »	1410 50	1612 »	1813 50	2015 »
60 50	20 16	201 60	403 20	604 80	806 40	1008 »	1209 60	1411 20	1612 80	1814 40	2016 »
60 55	20 18	201 80	403 60	605 40	807 20	1009 »	1210 80	1412 60	1614 40	1816 20	2018 »
60 60	20 20	202 »	404 »	606 »	808 »	1010 »	1212 »	1414 »	1616 »	1818 »	2020 »
60 65	20 21	202 10	404 20	606 30	808 40	1010 50	1212 60	1414 70	1616 80	1818 90	2021 »
60 70	20 23	202 30	404 60	606 90	809 20	1011 50	1213 80	1416 10	1618 40	1820 70	2023 »
60 75	20 25	202 50	405 »	607 50	810 »	1012 50	1215 »	1417 50	1620 »	1822 50	2025 »
60 80	20 26	202 60	405 20	607 80	810 40	1013 »	1215 60	1418 20	1620 80	1823 40	2026 »
60 85	20 28	202 80	405 60	608 40	811 20	1014 »	1216 80	1419 60	1622 40	1825 20	2028 »
60 90	20 30	203 »	406 »	609 »	812 »	1015 »	1218 »	1421 »	1624 »	1827 »	2030 »
60 95	20 31	203 10	406 20	609 30	812 40	1015 50	1218 60	1421 70	1624 80	1827 90	2031 »
61 »	20 33	203 30	406 60	609 90	813 20	1016 50	1219 80	1423 10	1626 40	1829 70	2033 »
61 05	20 35	203 50	407 »	610 50	814 »	1017 50	1221 »	1424 50	1628 »	1831 50	2035 »
61 10	20 36	203 60	407 20	610 80	814 40	1018 »	1221 60	1425 20	1628 80	1832 40	2036 »
61 15	20 38	203 80	407 60	611 40	815 20	1019 »	1222 80	1426 60	1630 40	1834 20	2038 »
61 20	20 40	204 »	408 »	612 »	816 »	1020 »	1224 »	1428 »	1632 »	1836 »	2040 »
61 25	20 41	204 10	408 20	612 30	816 40	1020 50	1224 60	1428 70	1632 80	1836 90	2041 »
61 30	20 43	204 30	408 60	612 90	817 20	1021 50	1225 80	1430 10	1634 40	1838 70	2043 »
61 35	20 45	204 50	409 »	613 50	818 »	1022 50	1227 »	1431 50	1636 »	1840 50	2045 »
61 40	20 46	204 60	409 20	613 80	818 40	1023 »	1227 60	1432 20	1636 80	1841 40	2046 »
61 45	20 48	204 80	409 60	614 40	819 20	1024 »	1228 80	1433 60	1638 40	1843 20	2048 »
61 50	20 50	205 »	410 »	615 »	820 »	1025 »	1230 »	1435 »	1640 »	1845 »	2050 »

TROIS POUR CENT.

COURS de la BOURSE.	1 fr. de RENTE.	10 f. de RENTE.	20 f. de RENTE.	30 f. de RENTE.	40 f. de RENTE.
61 55	20 51	205 10	410 20	615 30	820 40
61 60	20 53	205 30	410 60	615 90	821 20
61 65	20 55	205 50	411 »	616 50	822 »
61 70	20 56	205 60	411 20	616 80	822 40
61 75	20 58	205 80	411 60	617 40	823 20
61 80	20 60	206 »	412 »	618 »	824 »
61 85	20 61	206 10	412 20	618 30	824 40
61 90	20 63	206 30	412 60	618 90	825 20
61 95	20 65	206 50	413 »	619 50	826 »
62 »	20 66	206 60	413 20	619 80	826 40
62 05	20 68	206 80	413 60	620 40	827 20
62 10	20 70	207 »	414 »	621 »	828 »
62 15	20 71	207 10	414 20	621 30	828 40
62 20	20 73	207 30	414 60	621 90	829 20
62 25	20 75	207 50	415 »	622 50	830 »
62 30	20 76	207 60	415 20	622 80	830 40
62 35	20 78	207 80	415 60	623 40	831 20
62 40	20 80	208 »	416 »	624 »	832 »
62 45	20 81	208 10	416 20	624 30	832 40
62 50	20 83	208 30	416 60	624 90	833 20
62 55	20 85	208 50	417 »	625 50	834 »
62 60	20 86	208 60	417 20	625 80	834 40
62 65	20 88	208 80	417 60	626 40	835 20
62 70	20 90	209 »	418 »	627 »	836 »
62 75	20 91	209 10	418 20	627 30	836 40
62 80	20 93	209 30	418 60	627 90	837 20
62 85	20 95	209 50	419 »	628 50	838 »
62 90	20 96	209 60	419 20	628 80	838 40
62 95	20 98	209 80	419 60	629 40	839 20
63 »	21 »	210 »	420 »	630 »	840 »

TROIS POUR CENT.

50 f. de RENTE.	60 f. de RENTE.	70 f. de RENTE.	80 f. de RENTE.	90 f. de RENTE.	100 f. de RENTE.
1025 50	1230 60	1435 70	1640 80	1845 90	2051 »
1026 50	1231 80	1437 10	1642 40	1847 70	2053 »
1027 50	1233 »	1438 50	1644 »	1849 50	2055 »
1028 »	1233 60	1439 20	1644 80	1850 40	2056 »
1029 »	1234 80	1440 60	1646 40	1852 20	2058 »
1030 »	1236 »	1442 »	1648 »	1854 »	2060 »
1030 50	1236 60	1442 70	1648 80	1854 90	2061 »
1031 50	1237 80	1444 10	1650 40	1856 70	2063 »
1032 50	1239 »	1445 50	1652 »	1858 50	2065 »
1033 »	1239 60	1446 20	1652 80	1859 40	2066 »
1034 »	1240 80	1447 60	1654 40	1861 20	2068 »
1035 »	1242 »	1449 »	1656 »	1863 »	2070 »
1035 50	1242 60	1449 70	1656 80	1863 90	2071 »
1036 50	1243 80	1451 10	1658 40	1865 70	2073 »
1037 50	1245 »	1452 50	1660 »	1867 50	2075 »
1038 »	1245 60	1453 20	1660 80	1868 40	2076 »
1039 »	1246 80	1454 60	1662 40	1870 20	2078 »
1040 »	1248 »	1456 »	1664 »	1872 »	2080 »
1040 50	1248 60	1456 70	1664 80	1872 90	2081 »
1041 50	1249 80	1458 10	1666 40	1874 70	2083 »
1042 50	1251 »	1459 50	1668 »	1876 50	2085 »
1043 »	1251 60	1460 20	1668 80	1877 40	2086 »
1044 »	1252 80	1461 60	1670 40	1879 20	2088 »
1045 »	1254 »	1463 »	1672 »	1881 »	2090 »
1045 50	1254 60	1463 70	1672 80	1881 90	2091 »
1046 50	1255 80	1465 10	1674 40	1883 70	2093 »
1047 50	1257 »	1466 50	1676 »	1885 50	2095 »
1048 »	1257 60	1467 20	1676 80	1886 40	2096 »
1049 »	1258 80	1468 60	1678 40	1888 20	2098 »
1050 »	1260 »	1470 »	1680 »	1890 »	2100 »

TROIS POUR CENT.

COURS de la BOURSE.	1 fr. de RENTE.	10 f. de RENTE.	20 f. de RENTE.	30 f. de RENTE.	40 f. de RENTE.
63 05	21 01	210 10	420 20	630 30	840 40
63 10	21 03	210 30	420 60	630 90	841 20
63 15	21 05	210 50	421 »	631 50	842 »
63 20	21 06	210 60	424 20	631 80	842 40
63 25	21 08	210 80	421 60	632 40	843 20
63 30	21 10	211 »	422 »	633 »	844 »
63 35	21 11	211 10	422 20	633 30	844 40
63 40	21 13	211 30	422 60	633 90	845 20
63 45	21 15	211 50	423 »	634 50	846 »
63 50	21 16	211 60	423 20	634 80	846 40
63 55	21 18	211 80	423 60	635 40	847 20
63 60	21 20	212 »	424 »	636 »	848 »
63 65	21 21	212 10	424 20	636 30	848 40
63 70	21 23	212 30	424 60	636 90	849 20
63 75	21 25	212 50	425 »	637 50	850 »
63 80	21 26	212 60	425 20	637 80	850 40
63 85	21 28	212 80	425 60	638 40	851 20
63 90	21 30	213 »	426 »	639 »	852 »
63 95	21 31	213 10	426 20	639 30	852 40
64 »	21 33	213 30	426 60	639 90	853 20
64 05	21 35	213 50	427 »	640 50	854 »
64 10	21 36	213 60	427 20	640 80	854 40
64 15	21 38	213 80	427 60	641 40	855 20
64 20	21 40	214 »	428 »	642 »	856 »
64 25	21 41	214 10	428 20	642 30	856 40
64 30	21 43	214 30	428 60	642 90	857 20
64 35	21 45	214 50	429 »	643 50	858 »
64 40	21 46	214 60	429 20	643 80	858 40
64 45	21 48	214 80	429 60	644 40	859 20
64 50	21 50	215 »	430 »	645 »	860 »

TROIS POUR CENT.

50 f. de RENTE.	60 f. de RENTE.	70 f. de RENTE.	80 f. de RENTE.	90 f. de RENTE.	100 f. de RENTE.
1050 50	1260 60	1470 70	1680 80	1890 90	2101 »
1051 50	1261 80	1472 10	1682 40	1892 70	2103 »
1052 50	1263 »	1473 50	1684 »	1894 50	2105 »
1053 »	1263 60	1474 20	1684 80	1895 40	2106 »
1054 »	1264 80	1475 60	1686 40	1897 20	2108 »
1055 »	1266 »	1477 »	1688 »	1899 »	2110 »
1055 50	1266 60	1477 70	1688 80	1899 90	2111 »
1056 50	1267 80	1479 10	1690 40	1901 70	2113 »
1057 50	1269 »	1480 50	1692 »	1903 50	2115 »
1058 »	1269 60	1481 20	1692 80	1904 40	2116 »
1059 »	1270 80	1482 60	1694 40	1906 20	2118 »
1060 »	1272 »	1484 »	1696 »	1908 »	2120 »
1060 50	1272 60	1484 70	1696 80	1908 90	2121 »
1061 50	1273 80	1486 10	1698 40	1910 70	2123 »
1062 50	1275 »	1487 50	1700 »	1912 50	2125 »
1063 »	1275 60	1488 20	1700 80	1913 40	2126 »
1064 »	1276 80	1489 60	1702 40	1915 20	2128 »
1065 »	1278 »	1491 »	1704 »	1917 »	2130 »
1065 50	1278 60	1491 70	1704 80	1917 90	2131 »
1066 50	1279 80	1493 10	1706 40	1919 70	2133 »
1067 50	1281 »	1494 50	1708 »	1921 50	2135 »
1068 »	1281 60	1495 20	1708 80	1922 40	2136 »
1069 »	1282 80	1496 60	1710 40	1924 20	2138 »
1070 »	1284 »	1498 »	1712 »	1926 »	2140 »
1070 50	1284 60	1498 70	1712 80	1926 90	2141 »
1071 50	1285 80	1500 10	1714 40	1928 70	2143 »
1072 50	1287 »	1501 50	1716 »	1930 50	2145 »
1073 »	1287 60	1502 20	1716 80	1931 40	2146 »
1074 »	1288 80	1503 60	1718 40	1933 20	2148 »
1075 »	1290 »	1505 »	1720 »	1935 »	2150 »

COURS de la BOURSE.	1 fr. de RENTE.	10 f. de RENTE.	20 f. de RENTE.	30 f. de RENTE.	40 f. de RENTE.	50 f. de RENTE.	60 f. de RENTE.	70 f. de RENTE.	80 f. de RENTE.	90 f. de RENTE.	100 f. de RENTE.
64 55	21 51	215 10	430 20	645 30	860 40	1075 50	1290 60	1505 70	1720 80	1935 90	2151 »
64 60	21 53	215 30	430 60	645 90	861 20	1076 50	1291 80	1507 10	1722 40	1937 70	2153 »
64 65	21 55	215 50	431 »	646 50	862 »	1077 50	1293 »	1508 50	1724 »	1939 50	2155 »
64 70	21 56	215 60	431 20	646 80	862 40	1078 »	1293 60	1509 20	1724 80	1940 40	2156 »
64 75	21 58	215 80	431 60	647 40	863 20	1079 »	1294 80	1510 60	1726 40	1942 20	2158 »
64 80	21 60	216 »	432 »	648 »	864 »	1080 »	1296 »	1542 »	1728 »	1944 »	2160 »
64 85	21 61	216 10	432 20	648 30	864 40	1080 50	1296 60	1512 70	1728 80	1944 90	2161 »
64 90	21 63	216 30	432 60	648 90	865 20	1081 50	1297 80	1514 10	1730 40	1946 70	2163 »
64 95	21 65	216 50	433 »	649 50	866 »	1082 50	1299 »	1515 50	1732 »	1948 50	2165 »
65 »	21 66	216 60	433 20	649 80	866 40	1083 »	1299 60	1516 20	1732 80	1949 40	2166 »
65 05	21 68	216 80	433 60	650 40	867 20	1084 »	1800 80	1517 60	1734 40	1951 20	2168 »
65 10	21 70	217 »	434 »	651 »	868 »	1085 »	1302 »	1519 »	1736 »	1953 »	2170 »
65 15	21 71	217 10	434 20	651 30	868 40	1085 50	1302 60	1519 70	1736 80	1953 90	2171 »
65 20	21 73	217 30	434 60	651 90	869 20	1086 50	1303 80	1521 10	1738 40	1955 70	2173 »
65 25	21 75	217 50	435 »	652 50	870 »	1087 50	1305 »	1522 50	1740 »	1957 50	2175 »
65 30	21 76	217 60	435 20	652 80	870 40	1088 »	1305 60	1523 20	1740 80	1958 40	2176 »
65 35	21 78	217 80	435 60	653 40	871 20	1089 »	1306 80	1524 60	1742 40	1960 20	2178 »
65 40	21 80	218 »	436 »	654 »	872 »	1090 »	1308 »	1526 »	1744 »	1962 »	2180 »
65 45	21 81	218 10	436 20	654 30	872 40	1090 50	1308 60	1526 70	1744 80	1962 90	2181 »
65 50	21 83	218 30	436 60	654 90	873 20	1091 50	1309 80	1528 10	1746 40	1964 70	2183 »
65 55	21 85	218 50	437 »	655 50	874 »	1092 50	1311 »	1529 50	1748 »	1966 50	2185 »
65 60	21 86	218 60	437 20	655 80	874 40	1093 »	1311 60	1530 20	1748 80	1967 40	2186 »
65 65	21 88	218 80	437 60	656 40	875 20	1094 »	1312 80	1531 60	1750 40	1969 20	2188 »
65 70	21 90	219 »	438 »	657 »	876 »	1095 »	1314 »	1533 »	1752 »	1971 »	2190 »
65 75	21 91	219 10	438 20	657 30	876 40	1095 50	1314 60	1533 70	1752 80	1971 90	2191 »
65 80	21 93	219 30	438 60	657 90	877 20	1096 50	1315 80	1535 10	1754 40	1973 70	2193 »
65 85	21 95	219 50	439 »	658 50	878 »	1097 50	1317 »	1536 50	1756 »	1975 50	2195 »
65 90	21 96	219 60	439 20	658 80	878 40	1098 »	1317 60	1537 20	1756 80	1976 40	2196 »
65 95	21 98	219 80	439 60	659 40	879 20	1099 »	1318 80	1538 60	1758 40	1978 20	2198 »
66 »	22 »	220 »	440 »	660 »	880 »	1100 »	1320 »	1540 »	1760 »	1980 »	2200 »

TROIS POUR CENT.

COURS de la BOURSE.	1 fr. de RENTE.	10 f. de RENTE.	20 f. de RENTE.	30 f. de RENTE.	40 f. de RENTE.	50 f. de RENTE.	60 f. de RENTE.	70 f. de RENTE.	80 f. de RENTE.	90 f. de RENTE.	100 f. de RENTE.
66 05	22 01	220 10	440 20	660 30	880 40	1100 50	1320 60	1540 70	1760 80	1980 90	2201 »
66 10	22 03	220 30	440 60	660 90	881 20	1101 50	1321 80	1542 10	1762 40	1982 70	2203 »
66 15	22 05	220 50	441 »	661 50	882 »	1102 50	1323 »	1543 50	1764 »	1984 50	2205 »
66 20	22 06	220 60	441 20	661 80	882 40	1103 »	1323 60	1544 20	1764 80	1985 40	2206 »
66 25	22 08	220 80	441 60	662 40	883 20	1104 »	1324 80	1545 60	1766 40	1987 20	2208 »
66 30	22 10	221 »	442 »	663 »	884 »	1105 »	1326 »	1547 »	1768 »	1989 »	2210 »
66 35	22 11	221 10	442 20	663 30	884 40	1105 50	1326 60	1547 70	1768 80	1989 90	2211 »
66 40	22 13	221 30	442 60	663 90	885 20	1106 50	1327 80	1549 10	1770 40	1991 70	2213 »
66 45	22 15	221 50	443 »	664 50	886 »	1107 50	1329 »	1550 50	1772 »	1993 50	2215 »
66 50	22 16	221 60	443 20	664 80	886 40	1108 »	1329 60	1551 20	1772 80	1994 40	2216 »
66 55	22 18	221 80	443 60	665 40	887 20	1109 »	1330 80	1552 60	1774 40	1996 20	2218 »
66 60	22 20	222 »	444 »	666 »	888 »	1110 »	1332 »	1554 »	1776 »	1998 »	2220 »
66 65	22 21	222 10	444 20	666 30	888 40	1110 50	1332 60	1554 70	1776 80	1998 90	2221 »
66 70	22 23	222 30	444 60	666 90	889 20	1111 50	1333 80	1556 10	1778 40	2000 70	2223 »
66 75	22 25	222 50	445 »	667 50	890 »	1112 50	1335 »	1557 50	1780 »	2002 50	2225 »
66 80	22 26	222 60	445 20	667 80	890 40	1113 »	1335 60	1558 20	1780 80	2003 40	2226 »
66 85	22 28	222 80	445 60	668 40	891 20	1114 »	1336 80	1559 60	1782 40	2005 20	2228 »
66 90	22 30	223 »	446 »	669 »	892 »	1115 »	1338 »	1561 »	1784 »	2007 »	2230 »
66 95	22 31	223 10	446 20	669 30	892 40	1115 50	1338 60	1561 70	1784 80	2007 90	2231 »
67 »	22 33	223 30	446 60	669 90	893 20	1116 50	1339 80	1563 10	1786 40	2009 70	2233 »
67 05	22 35	223 50	447 »	670 50	894 »	1117 50	1341 »	1564 50	1788 »	2011 50	2235 »
67 10	22 36	223 60	447 20	670 80	894 40	1118 »	1341 60	1565 20	1788 80	2012 40	2236 »
67 15	22 38	223 80	447 60	671 40	895 20	1119 »	1342 80	1566 60	1790 40	2014 20	2238 »
67 20	22 40	224 »	448 »	672 »	896 »	1120 »	1344 »	1568 »	1792 »	2016 »	2240 »
67 25	22 41	224 10	448 20	672 30	896 40	1120 50	1344 60	1568 70	1792 80	2016 90	2241 »
67 30	22 43	224 30	448 60	672 90	897 20	1121 50	1345 80	1570 10	1794 40	2018 70	2243 »
67 35	22 45	224 50	449 »	673 50	898 »	1122 50	1347 »	1571 50	1796 »	2020 50	2245 »
67 40	22 46	224 60	449 20	673 80	898 40	1123 »	1347 60	1572 20	1796 80	2021 40	2246 »
67 45	22 48	224 80	449 60	674 40	899 20	1124 »	1348 80	1573 60	1798 40	2023 20	2248 »
67 50	22 50	225 »	450 »	675 »	900 »	1125 »	1350 »	1575 »	1800 »	2025 »	2250 »

COURS de la BOURSE.	1 fr. de RENTE.	10 f. de RENTE.	20 f. de RENTE.	30 f. de RENTE.	40 f. de RENTE.	50 f. de RENTE.	60 f. de RENTE.	70 f. de RENTE.	80 f. de RENTE.	90 f. de RENTE.	100 f. de RENTE.
TROIS POUR CENT.						TROIS POUR CENT.					
67 55	22 51	225 10	450 20	675 30	900 40	1125 50	1350 60	1575 70	1800 80	2025 90	2251 »
67 60	22 53	225 30	450 60	675 90	901 20	1126 50	1351 80	1577 10	1802 40	2027 70	2253 »
67 65	22 55	225 50	451 »	676 50	902 »	1127 50	1353 »	1578 50	1804 »	2029 50	2255 »
67 70	22 56	225 60	451 20	676 80	902 40	1128 »	1353 60	1579 20	1804 80	2030 40	2256 »
67 75	22 58	225 80	451 60	677 40	903 20	1129 »	1354 80	1580 60	1806 40	2032 20	2258 »
67 80	22 60	226 »	452 »	678 »	904 »	1130 »	1356 »	1582 »	1808 »	2034 »	2260 »
67 85	22 61	226 40	452 20	678 30	904 40	1130 50	1356 60	1582 70	1808 80	2034 90	2261 »
67 90	22 63	226 30	452 60	678 90	905 20	1131 50	1357 80	1584 10	1810 40	2036 70	2263 »
67 95	22 65	226 50	453 »	679 50	906 »	1132 50	1359 »	1585 50	1812 »	2038 50	2265 »
68 »	22 66	226 60	453 20	679 80	906 40	1133 »	1359 60	1586 20	1812 80	2039 40	2266 »
68 05	22 68	226 80	453 60	680 40	907 20	1134 »	1360 80	1587 60	1814 40	2041 20	2268 »
68 10	22 70	227 »	454 »	681 »	908 »	1135 »	1362 »	1589 »	1816 »	2043 »	2270 »
68 15	22 71	227 10	454 20	681 30	908 40	1135 50	1362 60	1589 70	1816 80	2043 90	2271 »
68 20	22 73	227 30	454 60	681 90	909 20	1136 50	1363 80	1591 10	1818 40	2045 70	2273 »
68 25	22 75	227 50	455 »	682 50	910 »	1137 50	1365 »	1592 50	1820 »	2047 50	2275 »
68 30	22 76	227 60	455 20	682 80	910 40	1138 »	1365 60	1593 20	1820 80	2048 40	2276 »
68 35	22 78	227 80	455 60	683 40	911 20	1139 »	1366 80	1594 60	1822 40	2050 20	2278 »
68 40	22 80	228 »	456 »	684 »	912 »	1140 »	1368 »	1596 »	1824 »	2052 »	2280 »
68 45	22 81	228 10	456 20	684 30	912 40	1140 50	1368 60	1596 70	1824 80	2052 90	2281 »
68 50	22 83	228 30	456 60	684 90	913 20	1141 50	1369 80	1598 10	1826 40	2054 70	2283 »
68 55	22 85	228 50	457 »	685 50	914 »	1142 50	1371 »	1599 50	1828 »	2056 50	2285 »
68 60	22 86	228 60	457 20	685 80	914 40	1143 »	1371 60	1600 20	1828 80	2057 40	2286 »
68 65	22 88	228 80	457 60	686 40	915 20	1144 »	1372 80	1601 60	1830 40	2059 20	2288 »
68 70	22 90	229 »	458 »	687 »	916 »	1145 »	1374 »	1603 »	1832 »	2061 »	2290 »
68 75	22 91	229 10	458 20	687 30	916 40	1145 50	1374 60	1603 70	1832 80	2061 90	2291 »
68 80	22 93	229 30	458 60	687 90	917 20	1146 50	1375 80	1605 10	1834 40	2063 70	2293 »
68 85	22 95	229 50	459 »	688 50	918 »	1147 50	1377 »	1606 50	1836 »	2065 50	2295 »
68 90	22 96	229 60	459 20	688 80	918 40	1148 »	1377 60	1607 20	1836 80	2066 40	2296 »
68 95	22 98	229 80	459 60	689 40	919 20	1149 »	1378 80	1608 60	1838 40	2068 20	2298 »
69 »	23 »	230 »	460 »	690 »	920 »	1150 »	1380 »	1610 »	1840 »	2070 »	2300 »

3

TROIS POUR CENT.

COURS de la BOURSE.	1 fr. de RENTE.	10 f. de RENTE.	20 f. de RENTE.	30 f. de RENTE.	40 f. de RENTE.
69 05	23 01	230 10	460 20	690 30	920 40
69 10	23 03	330 30	460 60	690 90	921 20
69 15	23 05	230 50	461 »	691 50	922 »
69 20	23 06	230 60	461 20	691 80	922 40
69 25	23 08	230 80	461 60	692 40	923 20
69 30	23 10	231 »	462 »	693 »	924 »
69 35	23 11	231 10	462 20	693 30	924 40
69 40	23 13	231 30	462 60	693 90	925 20
69 45	23 15	231 50	463 »	694 50	926 »
69 50	23 16	231 60	463 20	694 80	926 40
69 55	23 18	231 80	463 60	695 40	927 20
69 60	23 20	232 »	464 »	696 »	928 »
69 65	23 21	232 10	464 20	696 30	928 40
69 70	23 23	232 30	464 60	696 90	929 20
69 75	23 25	232 50	465 »	697 50	930 »
69 80	23 26	232 60	465 20	697 80	930 40
69 85	23 28	232 80	465 60	698 40	931 20
69 90	23 30	233 »	466 »	699 »	932 »
69 95	23 31	233 10	466 20	699 30	932 40
70 »	23 33	233 30	466 60	699 90	933 20
70 05	23 35	233 50	467 »	700 50	934 »
70 10	23 36	233 60	467 20	700 80	934 40
70 15	23 38	233 80	467 60	701 40	935 20
70 20	23 40	234 »	468 »	702 »	936 »
70 25	23 41	234 10	468 20	702 30	936 40
70 30	23 43	234 30	468 60	702 90	937 20
70 35	23 45	234 50	469 »	703 50	938 »
70 40	23 46	234 60	469 20	703 80	938 40
70 45	23 48	234 80	469 60	704 40	939 20
70 50	23 50	235 »	470 »	705 »	940 »

TROIS POUR CENT.

50 f. de RENTE.	60 f. de RENTE.	70 f. de RENTE.	80 f. de RENTE.	90 f. de RENTE.	100 f. de RENTE.
1150 50	1380 60	1610 70	1840 80	2070 90	2301 »
1151 50	1381 80	1612 10	1842 40	2072 70	2303 »
1152 50	1383 »	1613 50	1844 »	2074 50	2305 »
1153 »	1383 60	1614 20	1844 80	2075 40	2306 »
1154 »	1384 80	1615 60	1846 40	2077 20	2308 »
1155 »	1386 »	1617 »	1848 »	2079 »	2310 »
1155 50	1386 60	1617 70	1848 80	2079 90	2311 »
1156 50	1387 80	1619 10	1850 40	2081 70	2313 »
1157 50	1389 »	1620 50	1852 »	2083 50	2315 »
1158 »	1389 60	1621 20	1852 80	2084 40	2316 »
1159 »	1390 80	1622 60	1854 40	2086 20	2318 »
1160 »	1392 »	1624 »	1856 »	2088 »	2320 »
1160 50	1392 60	1624 70	1856 80	2088 90	2321 »
1161 50	1393 80	1626 10	1858 40	2090 70	2323 »
1162 50	1395 »	1627 50	1860 »	2092 50	2325 »
1163 »	1395 60	1628 20	1860 80	2093 40	2326 »
1164 »	1396 80	1629 60	1862 40	2095 20	2328 »
1165 »	1398 »	1631 »	1864 »	2097 »	2330 »
1165 50	1398 60	1631 70	1864 80	2097 90	2331 »
1166 50	1399 80	1633 10	1866 40	2099 70	2333 »
1167 50	1401 »	1634 50	1868 »	2101 50	2335 »
1168 »	1401 60	1635 20	1868 80	2102 40	2336 »
1169 »	1402 80	1636 60	1870 40	2104 20	2338 »
1170 »	1404 »	1638 »	1872 »	2106 »	2340 »
1170 50	1404 60	1638 70	1872 80	2106 90	2341 »
1171 50	1405 80	1640 10	1874 40	2108 70	2343 »
1172 50	1407 »	1641 50	1876 »	2110 50	2345 »
1173 »	1407 60	1642 20	1876 80	2111 40	2346 »
1174 »	1408 80	1643 60	1878 40	2113 20	2348 »
1175 »	1410 »	1645 »	1880 »	2115 »	2350 »

TROIS POUR CENT.

COURS de la BOURSE.	1 fr. de RENTE.	10 f. de RENTE.	20 f. de RENTE.	30 f. de RENTE.	40 f. de RENTE.	50 f. de RENTE.	60 f. de RENTE.	70 f. de RENTE.	80 f. de RENTE.	90 f. de RENTE.	100 f. de RENTE.
70 55	23 51	235 10	470 20	705 30	940 40	1175 50	1410 60	1645 70	1880 80	2115 90	2351 »
70 60	23 53	235 30	470 60	705 90	941 20	1176 50	1411 80	1647 10	1882 40	2117 70	2353 »
70 65	23 55	235 50	471 »	706 50	942 »	1177 50	1413 »	1648 50	1884 »	2119 50	2355 »
70 70	23 56	235 60	471 20	706 80	942 40	1178 »	1413 60	1649 20	1884 80	2120 40	2356 »
70 75	23 58	235 80	471 60	707 40	943 20	1179 »	1414 80	1650 60	1886 40	2122 20	2358 »
70 80	23 60	236 »	472 »	708 »	944 »	1180 »	1416 »	1652 »	1888 »	2124 »	2360 »
70 85	23 61	236 10	472 20	708 30	944 40	1180 50	1416 60	1652 70	1888 80	2124 90	2361 »
70 90	23 63	236 30	472 60	708 90	945 20	1181 50	1417 80	1654 10	1890 40	2126 70	2363 »
70 95	23 65	236 50	473 »	709 50	946 »	1182 50	1419 »	1655 50	1892 »	2128 50	2365 »
71 »	23 66	236 60	473 20	709 80	946 40	1183 »	1419 60	1656 20	1892 80	2129 40	2366 »
71 05	23 68	236 80	473 60	710 40	947 20	1184 »	1420 80	1657 60	1894 40	2131 20	2368 »
71 10	23 70	237 »	474 »	711 »	948 »	1185 »	1422 »	1659 »	1896 »	2133 »	2370 »
71 15	23 71	237 10	474 20	711 30	948 40	1185 50	1422 60	1659 70	1896 80	2133 90	2371 »
71 20	23 73	237 30	474 60	711 90	949 20	1186 50	1423 80	1661 10	1898 40	2135 70	2373 »
71 25	23 75	237 50	475 »	712 50	950 »	1187 50	1425 »	1662 50	1900 »	2137 50	2375 »
71 30	23 76	237 60	475 20	712 80	950 40	1188 »	1425 60	1663 20	1900 80	2138 40	2376 »
71 35	23 78	237 80	475 60	713 40	951 20	1189 »	1426 80	1664 60	1902 40	2140 20	2378 »
71 40	23 80	238 »	476 »	714 »	952 »	1190 »	1428 »	1666 »	1904 »	2142 »	2380 »
71 45	23 81	238 10	476 20	714 30	952 40	1190 50	1428 60	1666 70	1904 80	2142 90	2381 »
71 50	23 83	238 30	476 60	714 90	953 20	1191 50	1429 80	1668 10	1906 40	2144 70	2383 »
71 55	23 85	238 50	477 »	715 50	954 »	1192 50	1431 »	1669 50	1908 »	2146 50	2385 »
71 60	23 86	238 60	477 20	715 80	954 40	1193 »	1431 60	1670 20	1908 80	2147 40	2386 »
71 65	23 88	238 80	477 60	716 40	955 20	1194 »	1432 80	1671 60	1910 40	2149 20	2388 »
71 70	23 90	239 »	478 »	717 »	956 »	1195 »	1434 »	1673 »	1912 »	2151 »	2390 »
71 75	23 91	239 10	478 20	717 30	956 40	1195 50	1434 60	1673 70	1912 80	2151 90	2391 »
71 80	23 93	239 30	478 60	717 90	957 20	1196 50	1435 80	1675 10	1914 40	2153 70	2393 »
71 85	23 95	239 50	479 »	718 50	958 »	1197 50	1437 »	1676 50	1916 »	2155 50	2395 »
71 90	23 96	239 60	479 20	718 80	958 40	1198 »	1437 60	1677 20	1916 80	2156 40	2396 »
71 95	23 98	239 80	479 60	719 40	959 20	1199 »	1438 80	1678 60	1918 40	2158 20	2398 »
72 »	24 »	240 »	480 »	720 »	960 »	1200 »	1440 »	1680 »	1920 »	2160 »	2400 »

TROIS POUR CENT.

COURS de la BOURSE.	1 fr. de RENTE.	10 f. de RENTE.	20 f. de RENTE.	30 f. de RENTE.	40 f. de RENTE.
72 05	24 01	240 10	480 20	720 30	960 40
72 10	24 03	240 30	480 60	720 90	961 20
72 15	24 05	240 50	481 »	721 50	962 »
72 20	24 06	240 60	481 20	721 80	962 40
72 25	24 08	240 80	481 60	722 40	963 20
72 30	24 10	241 »	482 »	723 »	964 »
72 35	24 11	241 10	482 20	723 30	964 40
72 40	24 13	241 30	482 60	723 90	965 20
72 45	24 15	241 50	483 »	724 50	966 »
72 50	24 16	241 60	483 20	724 80	966 40
72 55	24 18	241 80	483 60	725 40	967 20
72 60	24 20	242 »	484 »	726 »	968 »
72 65	24 21	242 10	484 20	726 30	968 40
72 70	24 23	242 30	484 60	726 90	969 20
72 75	24 25	242 50	485 »	727 50	970 »
72 80	24 26	242 60	485 20	727 80	970 40
72 85	24 28	242 80	485 60	728 40	971 20
72 90	24 30	243 »	486 »	729 »	972 »
72 95	24 31	243 10	486 20	729 30	972 40
73 »	24 33	243 30	486 60	729 90	973 20
73 05	24 35	243 50	487 »	730 50	974 »
73 10	24 36	243 60	487 20	730 80	974 40
73 15	24 38	243 80	487 60	731 40	975 20
73 20	24 40	244 »	488 »	732 »	976 »
73 25	24 41	244 10	488 20	732 30	976 40
73 30	24 43	244 30	488 60	732 90	977 20
73 35	24 45	244 50	489 »	733 50	978 »
73 40	24 46	244 60	489 20	733 80	978 40
73 45	24 48	244 80	489 60	734 40	979 20
73 50	24 50	245 »	490 »	735 »	980 »

TROIS POUR CENT.

COURS de la BOURSE.	50 f. de RENTE.	60 f. de RENTE.	70 f. de RENTE.	80 f. de RENTE.	90 f. de RENTE.	100 f. de RENTE.
72 05	1200 50	1440 60	1680 70	1920 80	2160 90	2401 »
72 10	1201 50	1441 80	1682 10	1922 40	2162 70	2403 »
72 15	1202 50	1443 »	1683 50	1924 »	2164 50	2405 »
72 20	1203 »	1443 60	1684 20	1924 80	2165 40	2406 »
72 25	1204 »	1444 80	1685 60	1926 40	2167 20	2408 »
72 30	1205 »	1446 »	1687 »	1928 »	2169 »	2410 »
72 35	1205 50	1446 60	1687 70	1928 80	2169 90	2411 »
72 40	1206 50	1447 80	1689 10	1930 40	2171 70	2413 »
72 45	1207 50	1449 »	1690 50	1932 »	2173 50	2415 »
72 50	1208 »	1449 60	1691 20	1932 80	2174 40	2416 »
72 55	1209 »	1450 80	1692 60	1934 40	2176 20	2418 »
72 60	1210 »	1452 »	1694 »	1936 »	2178 »	2420 »
72 65	1210 50	1452 60	1694 70	1936 80	2178 90	2421 »
72 70	1211 50	1453 80	1696 10	1938 40	2180 70	2423 »
72 75	1212 50	1455 »	1697 50	1940 »	2182 50	2425 »
72 80	1213 »	1455 60	1698 20	1940 80	2183 40	2426 »
72 85	1214 »	1456 80	1699 60	1942 40	2185 20	2428 »
72 90	1215 »	1458 »	1701 »	1944 »	2187 »	2430 »
72 95	1215 50	1458 60	1701 70	1944 80	2187 90	2431 »
73 »	1216 50	1459 80	1703 10	1946 40	2189 70	2433 »
73 05	1217 50	1461 »	1704 50	1948 »	2191 50	2435 »
73 10	1218 »	1461 60	1705 20	1948 80	2192 40	2436 »
73 15	1219 »	1462 80	1706 60	1950 40	2194 20	2438 »
73 20	1220 »	1464 »	1708 »	1952 »	2196 »	2440 »
73 25	1220 50	1464 60	1708 70	1952 80	2196 90	2441 »
73 30	1221 50	1465 80	1710 10	1954 40	2198 70	2443 »
73 35	1222 50	1467 »	1711 50	1956 »	2200 50	2445 »
73 40	1223 »	1467 60	1712 20	1956 80	2201 40	2446 »
73 45	1224 »	1468 80	1713 60	1958 40	2203 20	2448 »
73 50	1225 »	1470 »	1715 »	1960 »	2205 »	2450 »

TROIS POUR CENT.

COURS de la BOURSE.	1 fr. de RENTE.	10 f. de RENTE.	20 f. de RENTE.	30 f. de RENTE.	40 f. de RENTE.
73 55	24 51	245 10	490 20	735 30	980 40
73 60	24 53	245 30	490 60	735 90	981 20
73 65	24 55	245 50	491 »	736 50	982 »
73 70	24 56	245 60	491 20	736 80	982 40
73 75	24 58	245 80	491 60	737 40	983 20
73 80	24 60	246 »	492 »	738 »	984 »
73 85	24 61	246 10	492 20	738 30	984 40
73 90	24 63	246 30	492 60	738 90	985 20
73 95	24 65	246 50	493 »	739 50	986 »
74 »	24 66	246 60	493 20	739 80	986 40
74 05	24 68	246 80	493 60	740 40	987 20
74 10	24 70	247 »	494 »	741 »	988 »
74 15	24 71	247 10	494 20	741 30	988 40
74 20	24 73	247 30	494 60	741 90	989 20
74 25	24 75	247 50	495 »	742 50	990 »
74 30	24 76	247 60	495 20	742 80	990 40
74 35	24 78	247 80	495 60	943 40	991 20
74 40	24 80	248 »	496 »	744 »	992 »
74 45	24 81	248 10	496 20	744 30	992 40
74 50	24 83	248 30	496 60	744 90	993 20
74 55	24 85	248 50	497 »	745 50	994 »
74 60	24 86	248 60	497 20	745 80	994 40
74 65	24 88	248 80	497 60	746 40	995 20
74 70	24 90	249 »	498 »	747 »	996 »
74 75	24 91	249 10	498 20	747 30	996 40
74 80	24 93	249 30	498 60	747 90	997 20
74 85	24 95	249 50	499 »	748 50	998 »
74 90	24 96	249 60	499 20	748 80	998 40
74 95	24 98	249 80	499 60	749 40	999 20
75 »	25 »	250 »	500 »	750 »	1000 »

TROIS POUR CENT.

50 f. de RENTE.	60 f. de RENTE.	70 f. de RENTE.	80 f. de RENTE.	90 f. de RENTE.	100 f. de RENTE.
1225 50	1470 60	1715 70	1960 80	2205 90	2451 »
1226 50	1471 80	1717 10	1962 40	2207 70	2453 »
1227 50	1473 »	1718 50	1964 »	2209 50	2455 »
1228 »	1473 60	1719 20	1964 80	2210 40	2456 »
1229 »	1474 80	1720 60	1966 40	2212 20	2458 »
1230 »	1476 »	1722 »	1968 »	2214 »	2460 »
1230 50	1476 60	1722 70	1968 80	2214 90	2461 »
1231 50	1477 80	1724 10	1970 40	2216 70	2463 »
1232 50	1479 »	1725 50	1972 »	2218 50	2465 »
1233 »	1479 60	1726 20	1972 80	2219 40	2466 »
1234 »	1480 80	1727 60	1974 40	2221 20	2468 »
1235 »	1482 »	1729 »	1976 »	2223 »	2470 »
1235 50	1482 60	1729 70	1976 80	2223 90	2471 »
1236 50	1483 80	1731 10	1978 40	2225 70	2473 »
1237 50	1485 »	1732 50	1980 »	2227 50	2475 »
1238 »	1485 60	1733 20	1980 80	2228 40	2476 »
1239 »	1486 80	1734 60	1982 40	2230 20	2478 »
1240 »	1488 »	1736 »	1984 »	2232 »	2480 »
1240 50	1488 60	1736 70	1984 80	2232 90	2481 »
1241 50	1489 80	1738 10	1986 40	2234 70	2483 »
1242 50	1491 »	1739 50	1988 »	2236 50	2485 »
1243 »	1491 60	1740 20	1988 80	2237 40	2486 »
1244 »	1492 80	1741 60	1990 40	2239 20	2488 »
1245 »	1494 »	1743 »	1992 »	2241 »	2490 »
1245 50	1494 60	1743 70	1992 80	2241 90	2491 »
1246 50	1495 80	1745 10	1994 40	2243 70	2493 »
1247 50	1497 »	1746 50	1996 »	2245 50	2495 »
1248 »	1497 60	1747 20	1996 80	2246 40	2496 »
1249 »	1498 80	1748 60	1998 40	2248 20	2498 »
1250 »	1500 »	1750 »	2000 »	2250 »	2500 »

4

COURS de la BOURSE.	TROIS POUR CENT.				
	1 fr. de RENTE.	10 f. de RENTE.	20 f. dé RENTE.	30 f. dé RENTE.	40 f. dé RENTE.
75 05	25 01	250 10	500 20	750 30	1000 40
75 10	25 03	250 30	500 60	750 90	1001 20
75 15	25 05	250 50	501 »	751 50	1002 »
75 20	25 06	250 60	501 20	751 80	1002 40
75 25	25 08	250 80	501 60	752 40	1003 20
75 30	25 10	251 »	502 »	753 »	1004 »
75 35	25 11	251 40	502 20	753 30	1004 40
75 40	25 13	251 30	502 60	753 90	1005 20
75 45	25 15	251 50	503 »	754 50	1006 »
75 50	25 16	251 60	503 20	754 80	1006 40
75 55	25 18	251 80	503 60	755 40	1007 20
75 60	25 20	252 »	504 »	756 »	1008 »
75 65	25 21	252 10	504 20	756 30	1008 40
75 70	25 23	252 30	504 60	756 90	1009 20
75 75	25 25	252 50	505 »	757 50	1010 »
75 80	25 26	252 60	505 20	757 80	1010 40
75 85	25 28	252 80	505 60	758 40	1011 20
75 90	25 30	253 »	506 »	759 »	1012 »
75 95	25 31	253 10	506 20	759 30	1012 40
76 »	25 33	253 30	506 60	759 90	1013 20
76 05	25 35	253 50	507 »	760 50	1014 »
76 10	25 36	253 60	507 20	760 80	1014 40
76 15	25 38	253 80	507 60	761 40	1015 20
76 20	25 40	254 »	508 »	762 »	1016 »
76 25	25 41	254 10	508 20	762 30	1016 40
76 30	25 43	254 30	508 60	762 90	1017 20
76 35	25 45	254 50	509 »	763 50	1018 »
76 40	25 46	254 60	509 20	763 80	1018 40
76 45	25 48	254 80	509 60	764 40	1019 20
76 50	25 50	255 »	510 »	765 »	1020 »

TROIS POUR CENT.					
50 f. de RENTE.	60 f. de RENTE.	70 f. de RENTE.	80 f. de RENTE.	90 f. de RENTE.	100 f. de RENTE.
1250 50	1500 60	1750 70	2000 80	2250 90	2501 »
1251 50	1501 80	1752 10	2002 40	2252 70	2503 »
1252 50	1503 »	1753 50	2004 »	2254 50	2505 »
1253 »	1503 60	1754 20	2004 80	2255 40	2506 »
1254 »	1504 80	1755 60	2006 40	2257 20	2508 »
1255 »	1506 »	1757 »	2008 »	2259 »	2610 »
1255 50	1506 60	1757 70	2008 80	2259 90	2511 »
1256 50	1507 80	1759 10	2010 40	2261 70	2513 »
1257 50	1509 »	1760 50	2012 »	2263 50	2515 »
1258 »	1509 60	1761 20	2012 80	2264 40	2516 »
1259 »	1510 80	1762 60	2014 40	2266 20	2518 »
1260 »	1512 »	1764 »	2016 »	2268 »	2520 »
1260 50	1512 60	1764 70	2016 80	2268 90	2521 »
1261 50	1513 80	1766 10	2018 40	2270 70	2523 »
1262 50	1515 »	1767 50	2020 »	2272 50	2525 »
1263 »	1515 60	1768 20	2020 80	2273 40	2526 »
1264 »	1516 80	1769 60	2022 40	2275 20	2528 »
1265 »	1518 »	1771 »	2024 »	2277 »	2530 »
1265 50	1518 60	1771 70	2024 80	2277 90	2531 »
1266 50	1519 80	1773 10	2026 40	2279 70	2533 »
1267 50	1521 »	1774 50	2028 »	2281 50	2535 »
1268 »	1521 60	1775 20	2028 80	2282 40	2536 »
1269 »	1522 80	1776 60	2030 40	2284 20	2538 »
1270 »	1524 »	1778 »	2032 »	2286 »	2540 »
1270 50	1524 60	1778 70	2032 80	2286 90	2541 »
1271 50	1525 80	1780 10	2034 40	2288 70	2543 »
1272 50	1527 »	1781 50	2036 »	2290 50	2545 »
1273 »	1527 60	1782 20	2036 80	2291 40	2546 »
1274 »	1528 80	1783 60	2038 40	2293 20	2548 »
1275 »	1530 »	1785 »	2040 »	2295 »	2550 »

COURS de la BOURSE.	TROIS POUR CENT.					TROIS POUR CENT.					
	1 fr. de RENTE.	10 f. de RENTE.	20 f. de RENTE.	30 f. de RENTE.	40 f. de RENTE.	50 f. de RENTE.	60 f. de RENTE.	70 f. de RENTE.	80 f. de RENTE.	90 f. de RENTE.	100 f. de RENTE.
76 55	25 51	255 10	510 20	765 30	1020 40	1275 50	1530 60	1785 70	2040 80	2295 90	2551 »
76 60	25 53	255 30	510 60	765 90	1021 20	1276 50	1531 80	1787 10	2042 40	2297 70	2553 »
76 65	25 55	255 50	511 »	766 50	1022 »	1277 50	1533 »	1788 50	2044 »	2299 50	2555 »
76 70	25 56	255 60	511 20	766 80	1022 40	1278 »	1533 60	1789 20	2044 80	2300 40	2556 »
76 75	25 58	255 80	511 60	767 40	1023 20	1279 »	1534 80	1790 60	2046 40	2302 20	2558 »
76 80	25 60	256 »	512 »	768 »	1024 »	1280 »	1536 »	1792 »	2048 »	2304 »	2560 »
76 85	25 61	256 10	512 20	768 30	1024 40	1280 50	1536 60	1792 70	2048 80	2304 90	2561 »
76 90	25 63	256 30	512 60	768 90	1025 20	1281 50	1537 80	1794 10	2050 40	2306 70	2563 »
76 95	25 65	256 50	513 »	769 50	1026 »	1282 50	1539 »	1795 50	2052 »	2308 50	2565 »
77 »	25 66	256 60	513 20	769 80	1026 40	1283 »	1539 60	1796 20	2052 80	2309 40	2566 »
77 05	25 68	256 80	513 60	770 40	1027 20	1284 »	1540 80	1797 60	2054 40	2311 20	2568 »
77 10	25 70	257 »	514 »	771 »	1028 »	1285 »	1542 »	1799 »	2056 »	2313 »	2570 »
77 15	25 71	257 10	514 20	771 30	1028 40	1285 50	1542 60	1799 70	2056 80	2313 90	2571 »
77 20	25 73	257 30	514 60	771 90	1029 20	1286 50	1543 80	1801 10	2058 40	2315 70	2573 »
77 25	25 75	257 50	515 »	772 50	1030 »	1287 50	1545 »	1802 50	2060 »	2317 50	2575 »
77 30	25 76	257 60	515 20	772 80	1030 40	1288 »	1545 60	1803 20	2060 80	2318 40	2576 »
77 35	25 78	257 80	515 60	773 40	1031 20	1289 »	1546 80	1804 60	2062 40	2320 20	2578 »
77 40	25 80	258 »	516 »	774 »	1032 »	1290 »	1548 »	1806 »	2064 »	2322 »	2580 »
77 45	25 81	258 10	516 20	774 30	1032 40	1290 50	1548 60	1806 70	2064 80	2322 90	2581 »
77 50	25 83	258 30	516 60	774 90	1033 20	1291 50	1549 80	1808 10	2066 40	2324 70	2583 »
77 55	25 85	258 50	517 »	775 50	1034 »	1292 50	1551 »	1809 50	2068 »	2326 50	2585 »
77 60	25 86	258 60	517 20	775 80	1034 40	1293 »	1551 60	1810 20	2068 80	2327 40	2586 »
77 65	25 88	258 80	517 60	776 40	1035 20	1294 »	1552 80	1811 60	2070 40	2329 20	2588 »
77 70	25 90	259 »	518 »	777 »	1036 »	1295 »	1554 »	1813 »	2072 »	2331 »	2590 »
77 75	25 91	259 10	518 20	777 30	1036 40	1295 50	1554 60	1813 70	2072 80	2331 90	2591 »
77 80	25 93	259 30	518 60	777 90	1037 20	1296 50	1555 80	1815 10	2074 40	2333 70	2593 »
77 85	25 95	259 50	519 »	778 50	1038 »	1297 50	1557 »	1816 50	2076 »	2335 50	2595 »
77 90	25 96	259 60	519 20	778 80	1038 40	1298 »	1557 60	1817 20	2076 80	2336 40	2596 »
77 95	25 98	259 80	519 60	779 40	1039 20	1299 »	1558 80	1818 60	2078 40	2338 20	2598 »
78 »	26 »	260 »	520 »	780 »	1040 »	1300 »	1560 »	1820 »	2080 »	2340 »	2600 »

TROIS POUR CENT.

COURS de la BOURSE.	1 fr. de RENTE.	10 f. de RENTE.	20 f. de RENTE.	30 f. de RENTE.	40 f. de RENTE.	50 f. de RENTE.	60 f. de RENTE.	70 f. de RENTE.	80 f. de RENTE.	90 f. de RENTE.	100 f. de RENTE.
78 05	26 01	260 10	520 20	780 30	1040 40	1300 50	1560 60	1820 70	2080 80	2340 90	2601 »
78 10	26 03	260 30	520 60	780 90	1041 20	1301 50	1561 80	1822 10	2082 40	2342 70	2603 »
78 15	26 05	260 50	521 »	781 50	1042 »	1302 50	1563 »	1823 50	2084 »	2344 50	2605 »
78 20	26 06	260 60	521 20	781 80	1042 40	1303 »	1563 60	1824 20	2084 80	2345 40	2606 »
78 25	26 08	260 80	521 60	782 40	1043 20	1304 »	1564 80	1825 60	2086 40	2347 20	2608 »
78 30	26 10	261 »	522 »	783 »	1044 »	1305 »	1566 »	1827 »	2088 »	2349 »	2610 »
78 35	26 11	261 10	522 20	783 30	1044 40	1305 50	1566 60	1827 70	2088 80	2349 90	2611 »
78 40	26 13	261 30	522 60	783 90	1045 20	1306 50	1567 80	1829 10	2090 40	2351 70	2613 »
78 45	26 15	261 50	523 »	784 50	1046 »	1307 50	1569 »	1830 50	2092 »	2353 50	2615 »
78 50	26 16	261 60	523 20	784 80	1046 40	1308 »	1569 60	1831 20	2092 80	2354 40	2616 »
78 55	26 18	261 80	523 60	785 40	1047 20	1309 »	1570 80	1832 60	2094 40	2356 20	2618 »
78 60	26 20	262 »	524 »	786 »	1048 »	1310 »	1572 »	1834 »	2096 »	2358 »	2620 »
78 65	26 21	262 10	524 20	786 30	1048 40	1310 50	1572 60	1834 70	2096 80	2358 90	2621 »
78 70	26 23	262 30	524 60	786 90	1049 20	1311 50	1573 80	1836 10	2098 40	2360 70	2623 »
78 75	26 25	262 50	525 »	787 50	1050 »	1312 50	1575 »	1837 50	2100 »	2362 50	2625 »
78 80	26 26	262 60	525 20	787 80	1050 40	1313 »	1575 60	1838 20	2100 80	2363 40	2626 »
78 85	26 28	262 80	525 60	788 40	1051 20	1314 »	1576 80	1839 60	2102 40	2365 20	2628 »
78 90	26 30	263 »	526 »	789 »	1052 »	1315 »	1578 »	1841 »	2104 »	2367 »	2630 »
78 95	26 31	263 10	526 20	789 30	1052 40	1315 50	1578 60	1841 70	2104 80	2367 90	2631 »
79 »	26 33	263 30	526 60	789 90	1053 20	1316 50	1579 80	1843 10	2106 40	2369 70	2633 »
79 05	26 35	263 50	527 »	790 50	1054 »	1317 50	1581 »	1844 50	2108 »	2371 50	2635 »
79 10	26 36	263 60	527 20	790 80	1054 40	1318 »	1581 60	1845 20	2108 80	2372 40	2636 »
79 15	26 38	263 80	527 60	791 40	1055 20	1319 »	1582 80	1846 60	2110 40	2374 20	2638 »
79 20	26 40	264 »	528 »	792 »	1056 »	1320 »	1584 »	1848 »	2112 »	2376 »	2640 »
79 25	26 41	264 10	528 20	792 30	1056 40	1320 50	1584 60	1848 70	2112 80	2376 90	2641 »
79 30	26 43	264 30	528 60	792 90	1057 20	1321 50	1585 80	1850 10	2114 40	2378 70	2643 »
79 35	26 45	264 50	529 »	793 50	1058 »	1322 50	1587 »	1851 50	2116 »	2380 50	2645 »
79 40	26 46	264 60	529 20	793 80	1058 40	1323 »	1587 60	1852 20	2116 80	2381 40	2646 »
79 45	26 48	264 80	529 60	794 40	1059 20	1324 »	1588 80	1853 60	2118 40	2383 20	2648 »
79 50	26 50	265 »	530 »	795 »	1060 »	1325 »	1590 »	1855 »	2120 »	2385 »	2650 »

COURS de la BOURSE.	1 fr. de RENTE.	10 f. de RENTE.	20 f. de RENTE.	30 f. de RENTE.	40 f. de RENTE.
79 55	26 51	265 10	530 20	795 30	1060 40
79 60	26 53	265 30	530 60	795 90	1061 20
79 65	26 55	265 50	531 »	796 50	1062 »
79 70	26 56	265 60	531 20	796 80	1062 40
79 75	26 58	265 80	531 60	797 40	1063 20
79 80	26 60	266 »	532 »	798 »	1064 »
79 85	26 61	266 10	532 20	798 30	1064 40
79 90	26 63	266 30	532 60	798 90	1065 20
79 95	26 65	266 50	533 »	799 50	1066 »
80 »	26 66	266 60	533 20	799 80	1066 40

TROIS POUR CENT.

50 f. de RENTE.	60 f. de RENTE.	70 f. de RENTE.	80 f. de RENTE.	90 f. de RENTE.	100 f. de RENTE.
1325 50	1590 60	1855 70	2120 80	2385 90	2651 »
1326 50	1591 80	1857 10	2122 40	2387 70	2653 »
1327 50	1598 »	1858 50	2124 »	2389 50	2655 »
1328 »	1593 60	1859 20	2124 80	2390 40	2656 »
1329 »	1594 80	1860 60	2126 40	2392 20	2658 »
1330 »	1596 »	1862 »	2128 »	2394 »	2660 »
1330 50	1596 60	1862 70	2128 80	2394 90	2661 »
1331 50	1597 80	1864 10	2130 40	2396 70	2663 »
1332 50	1599 »	1865 50	2132 »	2398 50	2665 »
1333 »	1599 60	1866 20	2132 80	2399 40	2666 »

Le cours du 4 1/2 pour 0/0, dont le pair est de 90 francs, se continue de cinq en cinq centimes jusqu'à 104 francs, c'est-à-dire quatorze francs au-dessus du pair.

QUATRE ET DEMI POUR CENT

QUATRE 1/2 POUR CENT.

COURS de la BOURSE.	1 fr. de RENTE.	10 f. de RENTE.	20 f. de RENTE.	30 f. de RENTE.	40 f. de RENTE.	50 f. de RENTE.	60 f. de RENTE.	70 f. de RENTE.	80 f. de RENTE.	90 f. de RENTE.	100 f. de RENTE.
90 »	20 »	200 »	400 »	600 »	800 »	1000 »	1200 »	1400 »	1600 »	1800 »	2000 »
90 05	20 01	200 10	400 20	600 30	800 40	1000 50	1200 60	1400 70	1600 80	1800 90	2001 »
90 10	20 02	200 20	400 40	600 60	800 80	1001 »	1201 20	1401 40	1601 60	1801 80	2002 »
90 15	20 03	200 30	400 60	600 90	801 20	1001 50	1201 80	1402 10	1602 40	1802 70	2003 »
90 20	20 04	200 40	400 80	601 20	801 60	1002 »	1202 40	1402 80	1603 20	1803 60	2004 »
90 25	20 05	200 50	401 »	601 50	802 »	1002 50	1203 »	1403 50	1604 »	1804 50	2005 »
90 30	20 06	200 60	401 20	601 80	802 40	1003 »	1203 60	1404 20	1604 80	1805 40	2006 »
90 35	20 07	200 70	401 40	602 10	802 80	1003 50	1204 20	1404 90	1605 60	1806 30	2007 »
90 40	20 08	200 80	401 60	602 40	803 20	1004 »	1204 80	1405 60	1606 40	1807 20	2008 »
90 45	20 10	201 »	402 »	603 »	804 »	1005 »	1206 »	1407 »	1608 »	1809 »	2010 »
90 50	20 11	201 10	402 20	603 30	804 40	1005 50	1206 60	1407 70	1608 80	1809 90	2011 »
90 55	20 12	201 20	402 40	603 60	804 80	1006 »	1207 20	1408 40	1609 60	1810 80	2012 »
90 60	20 13	201 30	402 60	603 90	805 20	1006 50	1207 80	1409 10	1610 40	1811 70	2013 »
90 65	20 14	201 40	402 80	604 20	805 60	1007 »	1208 40	1409 80	1611 20	1812 60	2014 »
90 70	20 15	201 50	403 »	604 50	806 »	1007 50	1209 »	1410 50	1612 »	1813 50	2015 »
90 75	20 16	201 60	403 20	604 80	806 40	1008 »	1209 60	1411 20	1612 80	1814 40	2016 »
90 80	20 17	201 70	403 40	605 10	806 80	1008 50	1210 20	1411 90	1613 60	1815 30	2017 »
90 85	20 18	201 80	403 60	605 40	807 20	1009 »	1210 80	1412 60	1614 40	1816 20	2018 »
90 90	20 20	202 »	404 »	606 »	808 »	1010 »	1212 »	1414 »	1616 »	1818 »	2020 »
90 95	20 21	202 10	404 20	606 30	808 40	1010 50	1212 60	1414 70	1616 80	1818 90	2021 »
91 »	20 22	202 20	404 40	606 60	808 80	1011 »	1213 20	1415 40	1617 60	1819 80	2022 »
91 05	20 23	202 30	404 60	606 90	809 20	1011 50	1213 80	1416 10	1618 40	1820 70	2023 »
91 10	20 24	202 40	404 80	607 20	809 60	1012 »	1214 40	1416 80	1619 20	1821 60	2024 »
91 15	20 25	202 50	405 »	607 50	810 »	1012 50	1215 »	1417 50	1620 »	1822 50	2025 »
91 20	20 26	202 60	405 20	607 80	810 40	1013 »	1215 60	1418 20	1620 80	1823 40	2026 »
91 25	20 27	202 70	405 40	608 10	810 80	1013 50	1216 20	1418 90	1621 60	1824 30	2027 »
91 30	20 28	202 80	405 60	608 40	811 20	1014 »	1216 80	1419 60	1622 40	1825 20	2028 »
91 35	20 30	203 »	406 »	609 »	812 »	1015 »	1218 »	1421 »	1624 »	1827 »	2030 »
91 40	20 31	203 10	406 20	609 30	812 40	1015 50	1218 60	1421 70	1624 80	1827 90	2031 »
91 45	20 32	203 20	406 40	609 60	812 80	1016 »	1219 20	1422 40	1625 60	1828 80	2032 »
91 50	20 33	203 30	406 60	609 90	813 20	1016 50	1219 80	1423 10	1626 40	1829 70	2033 »

QUATRE 1/2 POUR CENT.

QUATRE 1/2 POUR CENT.

COURS de la BOURSE.	1 fr. de RENTE.	10 f. de RENTE.	20 f. de RENTE.	30 f. de RENTE.	40 f. de RENTE.	50 f. de RENTE.	60 f. de RENTE.	70 f. de RENTE.	80 f. de RENTE.	90 f. de RENTE.	100 f. de RENTE.
91 55	20 34	203 40	406 80	610 20	813 60	1017 »	1220 40	1423 80	1627 20	1830 60	2034 »
91 60	20 35	203 50	407 »	610 50	814 »	1017 50	1221 »	1424 50	1628 »	1831 50	2035 »
91 65	20 36	203 60	407 20	610 80	814 40	1018 »	1221 60	1425 20	1628 80	1832 40	2036 »
91 70	20 37	203 70	407 40	611 10	814 80	1018 50	1222 20	1425 90	1629 60	1833 30	2037 »
91 75	20 38	203 80	407 60	611 40	815 20	1019 »	1222 80	1426 60	1630 40	1834 20	2038 »
91 80	20 40	204 »	408 »	612 »	816 »	1020 »	1224 »	1428 »	1632 »	1836 »	2040 »
91 85	20 41	204 10	408 20	612 30	816 40	1020 50	1224 60	1428 70	1632 80	1836 90	2041 »
91 90	20 42	204 20	408 40	612 60	816 80	1021 »	1225 20	1429 40	1633 60	1837 80	2042 »
91 95	20 43	204 30	408 60	612 90	817 20	1021 50	1225 80	1430 10	1634 40	1838 70	2043 »
92 »	20 44	204 40	408 80	613 20	817 60	1022 »	1226 40	1430 80	1635 20	1839 60	2044 »
92 05	20 45	204 50	409 »	613 50	818 »	1022 50	1227 »	1431 50	1636 »	1840 50	2045 »
92 10	20 46	204 60	409 20	613 80	818 40	1023 »	1227 60	1432 20	1636 80	1841 40	2046 »
92 15	20 47	204 70	409 40	614 10	818 80	1023 50	1228 20	1432 90	1637 60	1842 30	2047 »
92 20	20 48	204 80	409 60	614 40	819 20	1024 »	1228 80	1433 60	1638 40	1843 20	2048 »
92 25	20 50	205 »	410 »	615 »	820 »	1025 »	1230 »	1435 »	1640 »	1845 »	2050 »
92 30	20 51	205 10	410 20	615 30	820 40	1025 50	1230 60	1435 70	1640 80	1845 90	2051 »
92 35	20 52	205 20	410 40	615 60	820 80	1026 »	1231 20	1436 40	1641 60	1846ʹ 80	2052 »
92 40	20 53	205 30	410 60	615 90	821 20	1026 50	1231 80	1437 10	1642 40	1847 70	2053 »
92 45	20 54	205 40	410 80	616 20	821 60	1027 »	1232 40	1437 80	1643 20	1848 60	2054 »
92 50	20 55	205 50	411 »	616 50	822 »	1027 50	1233 »	1438 50	1644 »	1849 50	2055 »
92 55	20 56	205 60	411 20	616 80	822 40	1028 »	1233 60	1439 20	1644 80	1850 40	2056 »
92 60	20 57	205 70	411 40	617 10	822 80	1028 50	1234 20	1439 90	1645 60	1851 30	2057 »
92 65	20 58	205 80	411 60	617 40	823 20	1029 »	1234 80	1440 60	1646 40	1852 20	2058 »
92 70	20 60	206 »	412 »	618 »	824 »	1030 »	1236 »	1442 »	1648 »	1854 »	2060 »
92 75	20 61	206 10	412 20	618 30	824 40	1030 50	1236 60	1442 70	1648 80	1854 90	2061 »
92 80	20 62	206 20	412 40	618 60	824 80	1031 »	1237 20	1443 40	1649 60	1855 80	2062 »
92 85	20 63	206 30	412 60	618 90	825 20	1031 50	1237 80	1444 10	1650 40	1856 70	2063 »
92 90	20 64	206 40	412 80	619 20	825 60	1032 »	1238 40	1444 80	1651 20	1857 60	2064 »
92 95	20 65	206 50	413 »	619 50	826 »	1032 50	1239 »	1445 50	1652 »	1858 50	2065 »
93 »	20 66	206 60	413 20	619 80	826 40	1033 »	1239 60	1446 20	1652 80	1859 40	2066 »

QUATRE 1/2 POUR CENT.

COURS de la BOURSE.	1 fr. de RENTE.	10 f. de RENTE.	20 f. de RENTE.	30 f. de RENTE.	40 f. de RENTE.
93 05	20 67	206 70	413 40	620 10	826 80
93 10	20 68	206 80	413 60	620 40	827 20
93 15	20 70	207 »	414 »	621 »	828 »
93 20	20 71	207 10	414 20	621 30	828 40
93 25	20 72	207 20	414 40	621 60	828 80
93 30	20 73	207 30	414 60	621 90	829 20
93 35	20 74	207 40	414 80	622 20	829 60
93 40	20 75	207 50	415 »	622 50	830 »
93 45	20 76	207 60	415 20	622 80	830 40
93 50	20 77	207 70	415 40	623 10	830 80
93 55	20 78	207 80	415 60	623 40	831 20
93 60	20 80	208 »	416 »	624 »	832 »
93 65	20 81	208 10	416 20	624 30	832 40
93 70	20 82	208 20	416 40	624 60	832 80
93 75	20 83	208 30	416 60	624 90	833 20
93 80	20 84	208 40	416 80	625 20	833 60
93 85	20 85	208 50	417 »	625 50	834 »
93 90	20 86	208 60	417 20	625 80	834 40
93 95	20 87	208 70	417 40	626 10	834 80
94 »	20 88	208 80	417 60	626 40	835 20
94 05	20 90	209 »	418 »	627 »	836 »
94 10	20 91	209 10	418 20	627 30	836 40
94 15	20 92	209 20	418 40	627 60	836 80
94 20	20 93	209 30	418 60	627 90	837 20
94 25	20 94	209 40	418 80	628 20	837 60
94 30	20 95	209 50	419 »	628 50	838 »
94 35	20 96	209 60	419 20	628 80	838 40
94 40	20 97	209 70	419 40	629 10	838 80
94 45	20 98	209 80	419 60	629 40	839 20
94 50	21 »	210 »	420 »	630 »	840 »

QUATRE 1/2 POUR CENT.

50 f. de RENTE.	60 f. de RENTE.	70 f. de RENTE.	80 f. de RENTE.	90 f. de RENTE.	100 f. de RENTE.
1033 50	1240 20	1446 90	1653 60	1860 30	2067 »
1034 »	1240 80	1447 60	1654 40	1861 20	2068 »
1035 »	1242 »	1449 »	1656 »	1863 »	2070 »
1035 50	1242 60	1449 70	1656 80	1863 90	2071 »
1036 »	1243 20	1450 40	1657 60	1864 80	2072 »
1036 50	1243 80	1451 10	1658 40	1865 70	2073 »
1037 »	1244 40	1451 80	1659 20	1866 60	2074 »
1037 50	1245 »	1452 50	1660 »	1867 50	2075 »
1038 »	1245 60	1453 20	1660 80	1868 40	2076 »
1038 50	1246 20	1453 90	1661 60	1869 30	2077 »
1039 »	1246 80	1454 60	1662 40	1870 20	2078 »
1040 »	1248 »	1456 »	1664 »	1872 »	2080 »
1040 50	1248 60	1456 70	1664 80	1872 90	2081 »
1041 »	1249 20	1457 40	1665 60	1873 80	2082 »
1041 50	1249 80	1458 10	1666 40	1874 70	2083 »
1042 »	1250 40	1458 80	1667 20	1875 60	2084 »
1042 50	1251 »	1459 50	1668 »	1876 50	2085 »
1043 »	1251 60	1460 20	1668 80	1877 40	2086 »
1043 50	1252 20	1460 90	1669 60	1878 30	2087 »
1044 »	1252 80	1461 60	1670 40	1879 20	2088 »
1045 »	1254 »	1463 »	1672 »	1881 »	2090 »
1045 50	1254 60	1463 70	1672 80	1881 90	2091 »
1046 »	1255 20	1464 40	1673 60	1882 80	2092 »
1046 50	1255 80	1465 10	1674 40	1883 70	2093 »
1047 »	1256 40	1465 80	1675 20	1884 60	2094 »
1047 50	1257 »	1466 50	1676 »	1885 50	2095 »
1048 »	1257 60	1467 20	1676 80	1886 40	2096 »
1048 50	1258 20	1467 90	1677 60	1887 30	2097 »
1049 »	1258 80	1468 60	1678 40	1888 20	2098 »
1050 »	1260 »	1470 »	1680 »	1890 »	2100 »

QUATRE 1/2 POUR CENT.

COURS de la BOURSE.	1 fr. de RENTE.	10 f. de RENTE.	20 f. de RENTE.	30 f. de RENTE.	40 f. de RENTE.	50 f. de RENTE.	60 f. de RENTE.	70 f. de RENTE.	80 f. de RENTE.	90 f. de RENTE.	100 f. de RENTE.
94 55	21 01	210 10	420 20	630 30	840 40	1050 50	1260 60	1470 70	1680 80	1890 90	2101 »
94 60	21 02	210 20	420 40	630 60	840 80	1051 »	1261 20	1471 40	1681 60	1891 80	2102 »
94 65	21 03	210 30	420 60	630 90	841 20	1051 50	1261 80	1472 10	1682 40	1892 70	2103 »
94 70	21 04	210 40	420 80	631 20	841 60	1052 »	1262 40	1472 80	1683 20	1893 60	2104 »
94 75	21 05	210 50	421 »	631 50	842 »	1052 50	1263 »	1473 50	1684 »	1894 50	2105 »
94 80	21 06	210 60	421 20	631 80	842 40	1053 »	1263 60	1474 20	1684 80	1895 40	2106 »
94 85	21 07	210 70	421 40	632 10	842 80	1053 50	1264 20	1474 90	1685 60	1896 30	2107 »
94 90	21 08	210 80	421 60	632 40	843 20	1054 »	1264 80	1475 60	1686 40	1897 20	2108 »
94 95	21 10	211 »	422 »	633 »	844 »	1055 »	1266 »	1477 »	1688 »	1899 »	2110 »
95 »	21 11	211 10	422 20	633 30	844 40	1055 50	1266 60	1477 70	1688 80	1899 90	2111 »
95 05	21 12	211 20	422 40	633 60	844 80	1056 »	1267 20	1478 40	1689 60	1900 80	2112 »
95 10	21 13	211 30	422 60	633 90	845 20	1056 50	1267 80	1479 10	1690 40	1901 70	2113 »
95 15	21 14	211 40	422 80	634 20	845 60	1057 »	1268 40	1479 80	1691 20	1902 60	2114 »
95 20	21 15	211 50	423 »	634 50	846 »	1057 50	1269 »	1480 50	1692 »	1903 50	2115 »
95 25	21 16	211 60	423 20	634 80	846 40	1058 »	1269 60	1481 20	1692 80	1904 40	2116 »
95 30	21 17	211 70	423 40	635 10	846 80	1058 50	1270 20	1481 90	1693 60	1905 30	2117 »
95 35	21 18	211 80	423 60	635 40	847 20	1059 »	1270 80	1482 60	1694 40	1906 20	2118 »
95 40	21 20	212 »	424 »	636 »	848 »	1060 »	1272 »	1484 »	1696 »	1908 »	2120 »
95 45	21 21	212 10	424 20	636 30	848 40	1060 50	1272 60	1484 70	1696 80	1908 90	2121 »
95 50	21 22	212 20	424 40	636 60	848 80	1061 »	1273 20	1485 40	1697 60	1909 80	2122 »
95 55	21 23	212 30	424 60	636 90	849 20	1061 50	1273 80	1486 10	1698 40	1910 70	2123 »
95 60	21 24	212 40	424 80	637 20	849 60	1062 »	1274 40	1486 80	1699 20	1911 60	2124 »
95 65	21 25	212 50	425 »	637 50	850 »	1062 50	1275 »	1487 50	1700 »	1912 50	2125 »
95 70	21 26	212 60	425 20	637 80	850 40	1063 »	1275 60	1488 20	1700 80	1913 40	2126 »
95 75	21 27	212 70	425 40	638 10	850 80	1063 50	1276 20	1488 90	1701 60	1914 30	2127 »
95 80	21 28	212 80	425 60	638 40	851 20	1064 »	1276 80	1489 60	1702 40	1915 20	2128 »
95 85	21 30	213 »	426 »	639 »	852 »	1065 »	1278 »	1491 »	1704 »	1917 »	2130 »
95 90	21 31	213 10	426 20	639 30	852 40	1065 50	1278 60	1491 70	1704 80	1917 90	2131 »
95 95	21 32	213 20	426 40	639 60	852 80	1066 »	1279 20	1492 40	1705 60	1918 80	2132 »
96 »	21 33	213 30	426 60	639 90	853 20	1066 50	1279 80	1493 10	1706 40	1919 70	2133 »

QUATRE 1/2 POUR CENT.

COURS de la BOURSE.	1 fr. de RENTE.	10 f. de RENTE.	20 f. de RENTE.	30 f. de RENTE.	40 f. de RENTE.	50 f. de RENTE.	60 f. de RENTE.	70 f. de RENTE.	80 f. de RENTE.	90 f. de RENTE.	100 f. de RENTE.
96 05	21 34	213 40	426 80	640 20	853 60	1067 »	1280 40	1493 80	1707 20	1920 60	2134 »
96 10	21 35	213 50	427 »	640 50	854 »	1067 50	1281 »	1494 50	1708 »	1921 50	2135 »
96 15	21 36	213 60	427 20	640 80	854 40	1068 »	1281 60	1495 20	1708 80	1922 40	2136 »
96 20	21 37	213 70	427 40	641 10	854 80	1068 50	1282 20	1495 90	1709 60	1923 30	2137 »
96 25	21 38	213 80	427 60	641 40	855 20	1069 »	1282 80	1496 60	1710 40	1924 20	2138 »
96 30	21 40	214 »	428 »	642 »	856 »	1070 »	1284 »	1498 »	1712 »	1926 »	2140 »
96 35	21 41	214 10	428 20	642 30	856 40	1070 50	1284 60	1498 70	1712 80	1926 90	2141 »
96 40	21 42	214 20	428 40	642 60	856 80	1071 »	1285 20	1499 40	1713 60	1927 80	2142 »
96 45	21 43	214 30	428 60	642 90	857 20	1071 50	1285 80	1500 10	1714 40	1928 70	2143 »
96 50	21 44	214 40	428 80	643 20	857 60	1072 »	1286 40	1500 80	1715 20	1929 60	2144 »
96 55	21 45	214 50	429 »	643 50	858 »	1072 50	1287 »	1501 50	1716 »	1930 50	2145 »
96 60	21 46	214 60	429 20	643 80	858 40	1073 »	1287 60	1502 20	1716 80	1931 40	2146 »
96 65	21 47	214 70	429 40	644 10	858 80	1073 50	1288 20	1502 90	1717 60	1932 30	2147 »
96 70	21 48	214 80	429 60	644 40	859 20	1074 »	1288 80	1503 60	1718 40	1933 20	2148 »
96 75	21 50	215 »	430 »	645 »	860 »	1075 »	1290 »	1505 »	1720 »	1935 »	2150 »
96 80	21 51	215 10	430 20	645 30	860 40	1075 50	1290 60	1505 70	1720 80	1935 90	2151 »
96 85	21 52	215 20	430 40	645 60	860 80	1076 »	1291 20	1506 40	1721 60	1936 80	2152 »
96 90	21 53	215 30	430 60	645 90	861 20	1076 50	1291 80	1507 10	1722 40	1937 70	2153 »
96 95	21 54	215 40	430 80	646 20	861 60	1077 »	1292 40	1507 80	1723 20	1938 60	2154 »
97 »	21 55	215 50	431 »	646 50	862 »	1077 50	1293 »	1508 50	1724 »	1939 50	2155 »
97 05	21 56	215 60	431 20	646 80	862 40	1078 »	1293 60	1509 20	1724 80	1940 40	2156 »
97 10	21 57	215 70	431 40	647 10	862 80	1078 50	1294 20	1509 90	1725 60	1941 30	2157 »
97 15	21 58	215 80	431 60	647 40	863 20	1079 »	1294 80	1510 60	1726 40	1942 20	2158 »
97 20	21 60	216 »	432 »	648 »	864 »	1080 »	1296 »	1512 »	1728 »	1944 »	2160 »
97 25	21 61	216 10	432 20	648 30	864 40	1080 50	1296 60	1512 70	1728 80	1944 90	2161 »
97 30	21 62	216 20	432 40	648 60	864 80	1081 »	1297 20	1513 40	1729 60	1945 80	2162 »
97 35	21 63	216 30	432 60	648 90	865 20	1081 50	1297 80	1514 10	1730 40	1946 70	2163 »
97 40	21 64	216 40	432 80	649 20	865 60	1082 »	1298 40	1514 80	1731 20	1947 60	2164 »
97 45	21 65	216 50	433 »	649 50	866 »	1082 50	1299 »	1515 50	1732 »	1948 50	2165 »
97 50	21 66	216 60	433 20	649 80	866 40	1083 »	1299 60	1516 20	1732 80	1949 40	2166 »

QUATRE 1/2 POUR CENT.

COURS de la BOURSE.	1 fr. de RENTE.	10 f. de RENTE.	20 f. de RENTE.	30 f. de RENTE.	40 f. de RENTE.
97 55	21 67	216 70	433 40	650 10	866 80
97 60	21 68	216 80	433 60	650 40	867 20
97 65	21 70	217 »	434 »	651 »	868 »
97 70	21 71	217 10	434 20	651 30	868 40
97 75	21 72	217 20	434 40	651 60	868 80
97 80	21 73	217 30	434 60	651 90	869 20
97 85	21 74	217 40	434 80	652 20	869 60
97 90	21 75	217 50	435 »	652 50	870 »
97 95	21 76	217 60	435 20	652 80	870 40
98 »	21 77	217 70	435 40	653 10	870 80
98 05	21 78	217 80	435 60	653 40	871 20
98 10	21 80	218 »	436 »	654 »	872 »
98 15	21 81	218 10	436 20	654 30	872 40
98 20	21 82	218 20	436 40	654 60	872 80
98 25	21 83	218 30	436 60	654 90	873 20
98 30	21 84	218 40	436 80	655 20	873 60
98 35	21 85	218 50	437 »	655 50	874 »
98 40	21 86	218 60	437 20	655 80	874 40
98 45	21 87	218 70	437 40	656 10	874 80
98 50	21 88	218 80	437 60	656 40	875 20
98 55	21 90	219 »	438 »	657 »	876 »
98 60	21 91	219 10	438 20	657 30	876 40
98 65	21 92	219 20	438 40	657 60	876 80
98 70	21 93	219 30	438 60	657 90	877 20
98 75	21 94	219 40	438 80	658 20	877 60
98 80	21 95	219 50	439 »	658 50	878 »
98 85	21 96	219 60	439 20	658 80	878 40
98 90	21 97	219 70	439 40	659 10	878 60
98 95	21 98	219 80	439 60	659 40	879 20
99 »	22 »	220 »	440 »	660 »	880 »

QUATRE 1/2 POUR CENT.

50 f. de RENTE.	60 f. de RENTE.	70 f. de RENTE.	80 f. de RENTE.	90 f. de RENTE.	100 f. de RENTE.
1083 50	1300 20	1516 90	1733 60	1950 30	2167 »
1084 »	1300 80	1517 60	1734 40	1951 20	2168 »
1085 »	1302 »	1519 »	1736 »	1953 »	2170 »
1085 50	1302 60	1519 70	1736 80	1953 90	2171 »
1086 »	1303 20	1520 40	1737 60	1954 80	2172 »
1086 50	1303 80	1521 10	1738 40	1955 70	2173 »
1087 »	1304 40	1521 80	1739 20	1956 60	2174 »
1087 50	1305 »	1522 50	1740 »	1957 50	2175 »
1088 »	1305 60	1523 20	1740 80	1958 40	2176 »
1088 50	1306 20	1523 90	1741 60	1959 30	2177 »
1089 »	1306 80	1524 60	1742 40	1960 20	2178 »
1090 »	1308 »	1526 »	1744 »	1962 »	2180 »
1090 50	1308 60	1526 70	1744 80	1962 90	2181 »
1091 »	1309 20	1527 40	1745 60	1963 80	2182 »
1091 50	1309 80	1528 10	1746 40	1964 70	2183 »
1092 »	1310 40	1528 80	1747 20	1965 60	2184 »
1092 50	1311 »	1529 50	1748 »	1966 50	2185 »
1093 »	1311 60	1530 20	1748 80	1967 40	2186 »
1093 50	1312 20	1530 90	1749 60	1968 30	2187 »
1094 »	1312 80	1531 60	1750 40	1969 20	2188 »
1095 »	1314 »	1533 »	1752 »	1971 »	2190 »
1095 50	1314 60	1533 70	1752 80	1971 90	2191 »
1096 »	1315 20	1534 40	1753 60	1972 80	2192 »
1096 50	1315 80	1535 10	1754 40	1973 70	2193 »
1097 »	1316 40	1535 80	1755 20	1974 60	2194 »
1097 50	1317 »	1536 50	1756 »	1975 50	2195 »
1098 »	1317 60	1537 20	1756 80	1976 40	2196 »
1098 50	1318 20	1537 90	1757 60	1977 30	2197 »
1099 »	1318 80	1538 60	1758 40	1978 20	2198 »
1100 »	1320 »	1540 »	1760 »	1980 »	2200 »

QUATRE 1/2 POUR CENT.

COURS de la BOURSE.	1 fr. de RENTE.	10 f. de RENTE.	20 f. de RENTE.	30 f. de RENTE.	40 f. de RENTE.	50 f. de RENTE.	60 f. de RENTE.	70 f. de RENTE.	80 f. de RENTE.	90 f. de RENTE.	100 f. de RENTE.
99 05	22 01	220 10	440 20	660 30	880 40	1100 50	1320 60	1540 70	1760 80	1980 90	2201 »
99 10	22 02	220 20	440 40	660 60	880 80	1101 »	1321 20	1541 40	1761 60	1981 80	2202 »
99 15	22 03	220 30	440 60	660 90	881 20	1101 50	1321 80	1542 10	1762 40	1982 70	2203 »
99 20	22 04	220 40	440 80	661 20	881 60	1102 »	1322 40	1542 80	1763 20	1983 60	2204 »
99 25	22 05	220 50	441 »	661 50	882 »	1102 50	1323 »	1543 50	1764 »	1984 50	2205 »
99 30	22 06	220 60	441 20	661 80	882 40	1103 »	1323 60	1544 20	1764 80	1985 40	2206 »
99 35	22 07	220 70	441 40	662 10	882 80	1103 50	1324 20	1544 90	1765 60	1986 30	2207 »
99 40	22 08	220 80	441 60	662 40	883 20	1104 »	1324 80	1545 60	1766 40	1987 20	2208 »
99 45	22 10	221 »	442 »	663 »	884 »	1105 »	1326 »	1547 »	1768 »	1989 »	2210 »
99 50	22 11	221 10	442 20	663 30	884 40	1105 50	1326 60	1547 70	1768 80	1989 90	2211 »
99 55	22 12	221 20	442 40	663 60	884 80	1106 »	1327 20	1548 40	1769 60	1990 80	2212 »
99 60	22 13	221 30	442 60	663 90	885 20	1106 50	1327 80	1549 10	1770 40	1991 70	2213 »
99 65	22 14	221 40	442 80	664 20	885 60	1107 »	1328 40	1549 80	1771 20	1992 60	2214 »
99 70	22 15	221 50	443 »	664 50	886 »	1107 50	1329 »	1550 50	1772 »	1993 50	2215 »
99 75	22 16	221 60	443 20	664 80	886 40	1108 »	1329 60	1551 20	1773 80	1994 40	2216 »
99 80	22 17	221 70	443 40	665 10	886 80	1108 50	1330 20	1551 90	1773 60	1995 30	2217 »
99 85	22 18	221 80	443 60	665 40	887 20	1109 »	1330 80	1552 60	1774 40	1996 20	2218 »
99 90	22 20	222 »	444 »	666 »	888 »	1110 »	1332 »	1554 »	1776 »	1998 »	2220 »
99 95	22 21	222 10	444 20	666 30	888 40	1110 50	1332 60	1554 70	1776 80	1998 90	2221 »
100 »	22 22	222 20	444 40	666 60	888 80	1111 »	1333 20	1555 40	1777 60	1999 80	2222 »
100 05	22 23	222 30	444 60	666 90	889 20	1111 50	1333 80	1556 10	1778 40	2000 70	2223 »
100 10	22 24	222 40	444 80	667 20	889 60	1112 »	1334 40	1556 80	1779 20	2001 60	2224 »
100 15	22 25	222 50	445 »	667 50	890 »	1112 50	1335 »	1557 50	1780 »	2002 50	2225 »
100 20	22 26	222 60	445 20	667 80	890 40	1113 »	1335 60	1558 20	1780 80	2003 40	2226 »
100 25	22 27	222 70	445 40	668 10	890 80	1113 50	1336 20	1558 90	1781 60	2004 30	2227 »
100 30	22 28	222 80	445 60	668 40	891 20	1114 »	1336 80	1559 60	1782 40	2005 20	2228 »
100 35	22 30	223 »	446 »	669 »	892 »	1115 »	1338 »	1561 »	1784 »	2007 »	2230 »
100 40	22 31	223 10	446 20	669 30	892 40	1115 50	1338 60	1561 70	1784 80	2007 90	2231 »
100 45	22 32	223 20	446 40	669 60	892 80	1116 »	1339 20	1562 40	1785 60	2008 80	2232 »
100 50	22 33	223 30	446 60	669 90	893 20	1116 50	1339 80	1563 10	1786 40	2009 70	2233 »

COURS de la BOURSE.	QUATRE 1/2 POUR CENT.				
	1 fr. de RENTE.	10 f. de RENTE.	20 f. de RENTE.	30 f. de RENTE.	40 f. de RENTE.
100 55	22 34	223 40	446 80	670 20	893 60
100 60	22 35	223 50	447 »	670 50	894 »
100 65	22 36	223 60	447 20	670 80	894 40
100 70	22 37	223 70	447 40	671 10	894 80
100 75	22 38	223 80	447 60	671 40	895 20
100 80	22 40	224 »	448 »	672 »	896 »
100 85	22 41	224 10	448 20	672 30	896 40
100 90	22 42	224 20	448 40	672 60	896 80
100 95	22 43	224 30	448 60	672 90	897 20
101 »	22 44	224 40	448 80	673 20	897 60
101 05	22 45	224 50	449 »	673 50	898 »
101 10	22 46	224 60	449 20	673 80	898 40
101 15	22 47	224 70	449 40	674 10	898 80
101 20	22 48	224 80	449 60	674 40	899 20
101 25	22 50	225 »	450 »	675 »	900 »
101 30	22 51	225 10	450 20	675 30	900 40
101 35	22 52	225 20	450 40	675 60	900 80
101 40	22 53	225 30	450 60	675 90	901 20
101 45	22 54	225 40	450 80	676 20	901 60
101 50	22 55	225 50	451 »	676 50	902 »
101 55	22 56	225 60	451 20	676 80	902 40
101 60	22 57	225 70	451 40	677 10	902 80
101 65	22 58	225 80	451 60	677 40	903 20
101 70	22 60	226 »	452 »	678 »	904 »
101 75	22 61	226 10	452 20	678 30	904 40
101 80	22 62	226 20	452 40	678 60	904 80
101 85	22 63	226 30	452 60	678 90	905 20
101 90	22 64	226 40	452 80	679 20	905 60
101 95	22 65	226 50	453 »	679 50	906 »
102 »	22 66	226 60	453 20	679 80	906 40

QUATRE 1/2 POUR CENT.					
50 f. de RENTE.	60 f. de RENTE.	70 f. de RENTE.	80 f. de RENTE.	90 f. de RENTE.	100 f. de RENTE.
1117 »	1340 40	1563 80	1787 20	2010 60	2234 »
1117 50	1341 »	1564 50	1788 »	2011 50	2235 »
1118 »	1341 60	1565 20	1788 80	2012 40	2236 »
1118 50	1342 20	1565 90	1789 60	2013 30	2237 »
1119 »	1342 80	1566 60	1790 40	2014 20	2238 »
1120 »	1344 »	1568 »	1792 »	2016 »	2240 »
1120 50	1344 60	1568 70	1792 80	2016 90	2241 »
1121 »	1345 20	1569 40	1793 60	2017 80	2242 »
1121 50	1345 80	1570 10	1794 40	2018 70	2243 »
1122 »	1346 40	1570 80	1795 20	2019 60	2244 »
1122 50	1347 »	1571 50	1796 »	2020 50	2245 »
1123 »	1347 60	1572 20	1796 80	2021 40	2246 »
1123 50	1348 20	1572 90	1797 60	2022 30	2247 »
1124 »	1348 80	1573 60	1798 40	2023 20	2248 »
1125 »	1350 »	1575 »	1800 »	2025 »	2250 »
1125 50	1350 60	1575 70	1800 80	2025 90	2251 »
1126 »	1351 20	1576 40	1801 60	2026 80	2252 »
1126 50	1351 80	1577 10	1802 40	2027 70	2253 »
1127 »	1352 40	1577 80	1803 20	2028 60	2254 »
1127 50	1353 »	1578 50	1804 »	2029 50	2255 »
1128 »	1353 60	1579 20	1804 80	2030 40	2256 »
1128 50	1354 20	1579 90	1805 60	2031 30	2257 »
1129 »	1354 80	1580 60	1806 40	2032 20	2258 »
1130 »	1356 »	1582 »	1808 »	2034 x	2260 »
1130 50	1356 60	1582 70	1808 80	2034 90	2261 »
1131 »	1357 20	1583 40	1809 60	2035 80	2262 »
1131 50	1357 80	1584 10	1810 40	2036 70	2263 »
1132 »	1358 40	1584 80	1811 20	2037 60	2264 »
1132 50	1359 »	1585 50	1812 »	2038 50	2265 »
1133 »	1359 60	1586 20	1812 80	2039 40	2266 »

QUATRE 1/2 POUR CENT.

COURS de la BOURSE.	1 fr. de RENTE.	10 f. de RENTE.	20 f. de RENTE.	30 f. de RENTE.	40 f. de RENTE.	50 f. de RENTE.	60 f. de RENTE.	70 f. de RENTE.	80 f. de RENTE.	90 f. de RENTE.	100 f. de RENTE.
102 05	22 67	226 70	453 40	680 10	906 80	1133 50	1360 20	1586 90	1813 60	2040 30	2267 »
102 10	22 68	226 80	453 60	680 40	907 20	1134 »	1360 80	1587 60	1814 40	2041 20	2268 »
102 15	22 70	227 »	454 »	681 »	908 »	1135 »	1362 »	1589 »	1816 »	2043 »	2270 »
102 20	22 71	227 10	454 20	681 30	908 40	1135 50	1362 60	1589 70	1816 80	2043 90	2271 »
102 25	22 72	227 20	454 40	681 60	908 80	1136 »	1363 20	1590 40	1817 60	2044 80	2272 »
102 30	22 73	227 30	454 60	681 90	909 20	1136 50	1363 80	1591 10	1818 40	2045 70	2273 »
102 35	22 74	227 40	454 80	682 20	909 60	1137 »	1364 40	1591 80	1819 20	2046 60	2274 »
102 40	22 75	227 50	455 »	682 50	910 »	1137 50	1365 »	1592 50	1820 »	2047 50	2275 »
102 45	22 76	227 60	455 20	682 80	910 40	1138 »	1365 60	1593 20	1820 80	2048 40	2276 »
102 50	22 77	227 70	455 40	683 10	910 80	1138 50	1366 20	1593 90	1821 60	2049 30	2277 »
102 55	22 78	227 80	455 60	683 40	911 20	1139 »	1366 80	1594 60	1822 40	2050 20	2278 »
102 60	22 80	228 »	456 »	684 »	912 »	1140 »	1368 »	1596 »	1824 »	2052 »	2280 »
102 65	22 81	228 10	456 20	684 30	912 40	1140 50	1368 60	1596 70	1824 80	2052 90	2281 »
102 70	22 82	228 20	456 40	684 60	912 80	1141 »	1369 20	1597 40	1825 60	2053 80	2282 »
102 75	22 83	228 30	456 60	684 90	913 20	1141 50	1369 80	1598 10	1826 40	2054 70	2283 »
102 80	22 84	228 40	456 80	685 20	913 60	1142 »	1370 40	1598 80	1827 20	2055 60	2284 »
102 85	22 85	228 50	457 »	685 50	914 »	1142 50	1371 »	1599 50	1828 »	2056 50	2285 »
102 90	22 86	228 60	457 20	685 80	914 40	1143 »	1371 60	1600 20	1828 80	2057 40	2286 »
102 95	22 87	228 70	457 40	686 10	914 80	1143 50	1372 20	1600 90	1829 60	2058 30	2287 »
103 »	22 88	228 80	457 60	686 40	915 20	1144 »	1372 80	1601 60	1830 40	2059 20	2288 »
103 05	22 90	229 »	458 »	687 »	916 »	1145 »	1374 »	1603 »	1832 »	2061 »	2290 »
103 10	22 91	229 10	458 20	687 30	916 40	1145 50	1374 60	1603 70	1832 80	2061 90	2291 »
103 15	22 92	229 20	458 40	687 60	916 80	1146 »	1375 20	1604 40	1833 60	2062 80	2292 »
103 20	22 93	229 30	458 60	687 90	917 20	1146 50	1375 80	1605 10	1834 40	2063 70	2293 »
103 25	22 94	229 40	458 80	688 20	917 60	1147 »	1376 40	1605 80	1835 20	2064 60	2294 »
103 30	22 95	229 50	459 »	688 50	918 »	1147 50	1377 »	1606 50	1836 »	2065 50	2295 »
103 35	22 96	229 60	459 20	688 80	918 40	1148 »	1377 60	1607 20	1836 80	2066 40	2296 »
103 40	22 97	229 70	459 40	689 10	918 80	1148 50	1378 20	1607 90	1837 60	2067 30	2297 »
103 45	22 98	229 80	459 60	689 40	919 20	1149 »	1378 80	1608 60	1838 40	2068 20	2298 »
103 50	23 »	230 »	460 »	690 »	920 »	1150 »	1380 »	1610 »	1840 »	2070 »	2300 »

QUATRE 1/2 POUR CENT.

COURS de la BOURSE.	1 fr. de RENTE.	10 f. de RENTE.	20 f. de RENTE.	30 f. de RENTE.	40 f. de RENTE.	50 f. de RENTE.	60 f. de RENTE.	70 f. de RENTE.	80 f. de RENTE.	90 f. de RENTE.	100 f. de RENTE.
103 55	23 01	230 10	460 20	690 30	920 40	1150 50	1380 60	1610 70	1840 80	2070 90	2301 »
103 60	23 02	230 20	460 40	690 60	920 80	1151 »	1381 20	1611 40	1841 60	2071 80	2302 »
103 65	23 03	230 30	460 60	690 90	921 20	1151 50	1381 80	1612 10	1842 40	2072 70	2303 »
103 70	23 04	230 40	460 80	691 20	921 60	1152 »	1382 40	1612 80	1843 20	2073 60	2304 »
103 75	23 05	230 50	461 »	691 50	922 »	1152 50	1383 »	1613 50	1844 »	2074 50	2305 »
103 80	23 06	230 60	461 20	691 80	922 40	1153 »	1383 60	1614 20	1844 80	2075 40	2306 »
103 85	23 07	230 70	461 40	692 10	922 80	1153 50	1384 20	1614 90	1845 60	2076 30	2307 »
103 90	23 08	230 80	461 60	692 40	923 20	1154 »	1384 80	1615 60	1846 40	2077 20	2308 »
103 95	23 10	231 »	462 »	693 »	924 »	1155 »	1386 »	1617 »	1848 »	2079 »	2310 »
104 »	23 11	231 10	462 20	693 30	924 40	1155 50	1386 60	1617 70	1848 80	2079 90	2311 »

TROYES, IMP. DUFOUR-BOUQUOT.

TROYES, IMPRIMERIE DUFOUR-BOUQUOT.